Christine Rettl

Hilfe, Notruf!

Unfall, Notaufnahme und
Krankenhaus

Deutsch als Fremd- und Zweitsprache
A1.2

Ernst Klett Sprachen
Stuttgart

Infos + Übungen zu Deutsch im Alltag
→ S. 40 – 43.

 Infos + Übungen zu Sprache und Grammatik
→ S. 44 – 48.

 Audio, Lösungen, weitere Infos + Übungen
→ online.

Einfach mit der App **Klett Augmented**
für Smartphone und Tablet scannen.
www.klett-sprachen.de/augmented

1. Auflage   1 6 5 4 3 | 2022 21 20 19

© Ernst Klett Sprachen GmbH, Rotebühlstraße 77, 70178 Stuttgart, 2017.
Alle Rechte vorbehalten.
Internetadresse: www.klett-sprachen.de

Redaktion: Carina Janas
Layoutkonzeption: Maja Merz
Zeichnungen: Friederike Ablang, Matthias Pflüger
Satz: Eva Lettenmayer, Gerlingen
Umschlaggestaltung: Maja Merz
Druck und Bindung: AZ Druck und Datentechnik, GmbH, 87437 Kempten /
Allgäu
Tonregie und Schnitt: Workshop Medien Service, Stuttgart
Sprecher: Hannah Blumöhr, Andreas Drabarek, Jasmin Fäth, Carina Janas,
Andrea Klien, Johannes Lange, Matti Kauffmann, Stefanie Plisch de Vega,
Isabel Rieger

Printed in Germany

ISBN 978-3-12-674916-9

Inhalt

Wichtige Wörter: Im Krankenhaus

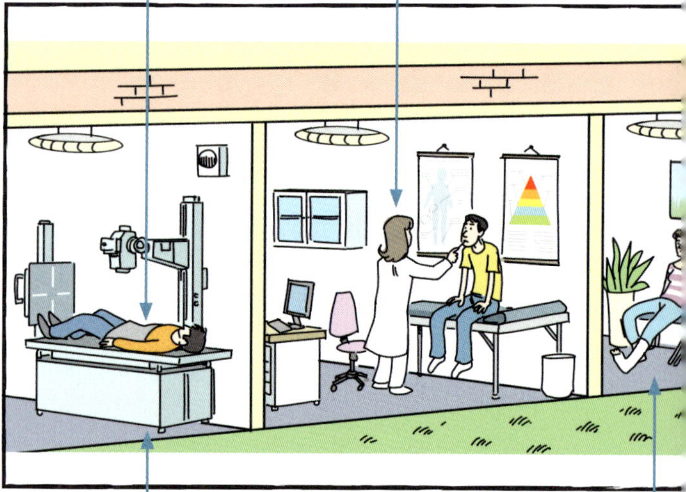
der Patient
(die Patientin)
die Ärztin (der Arzt)
der Röntgenraum
der Wartera

Vokabeltrainer + Audio online

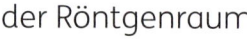

die Krankenschwester
(die Krankenpflegerin,
 der Krankenpfleger)

die Notaufnahme   der Rettungswagen

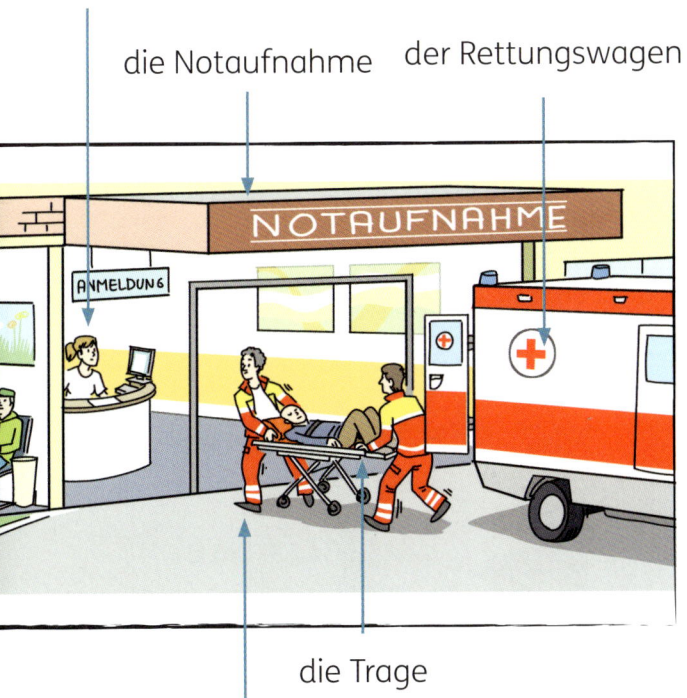

die Trage

der Sanitäter
(die Sanitäterin)

Rana Sabia

29 Jahre alt

kommt aus Duma, Syrien

lernt gerne Deutsch

Hakim Issmael

38 Jahre alt

kommt aus Duma, Syrien

kocht gerne

Amir Issmael

5 Jahre alt

kommt aus Duma, Syrien

geht bald in die Schule

 die Verkäuferin

eine Frau

 der Sanitäter

die Krankenschwester

 die Ärztin

der Arzt

 der Schuh (die Schuhe)

 das Schuhgeschäft

 die EC-Karte

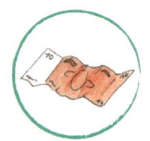 bar bezahlen (das Bargeld)

 mir fällt etwas ein (einfallen)

 Vokabeltrainer + Audio online

Amir braucht neue Schuhe.

Hakim und Rana gehen mit Amir in

ein Schuhgeschäft.

Guten Tag!

Mein Sohn braucht neue Schuhe.

Guten Tag!

Die Schuhe für Kinder sind

hier in diesem Regal.

Audio online. Scannen und hören.

 Wie viel kosten diese Schuhe?

Die Verkäuferin sagt den Preis.

Sie sind nicht teuer.

Amir zieht die Schuhe an.

Sie passen und sie gefallen Amir.

Er darf die neuen Schuhe gleich anlassen.

▸ S. 44

 Haben Sie noch

einen Wunsch?

Nein, danke.

Hakim geht zur Kasse.

 Zahlen sie mit EC-Karte?

Nein, ich zahle bar.

Draußen fällt Hakim ein:

 Wir brauchen Reis.

Ah, ich sehe einen Supermarkt.

Wartet hier!

▶ S. 44

Er geht über die Straße.

 das Kaufhaus

 die Spielsachen

 die Krankenversicherung

 schauen

 sich losreißen

 bremsen

 geschockt

 bewusstlos

 Vokabeltrainer + Audio online

Rana und Amir warten.

Sie stehen vor einem großen Kaufhaus.

 Schau, Mama! Spielsachen!

▸ S. 44

Amir sieht einen Stoff-Esel im Kaufhaus.

Er denkt an die echten Esel von seinem Opa.

Amir schaut und schaut.

Er will den Esel seinem Vater zeigen.

Aber wo ist Hakim?

Audio online. Scannen und hören.

Amir schaut zum Supermarkt.

Er sieht seinen Vater.

Amir reißt sich los und läuft

auf die Straße.

 Papa!

Rana läuft Amir nach.

Hakim sieht Amir und Rana

auf der Straße.

Und er sieht das Auto kommen!

 Amir! Bleib stehen!

▶ S. 44

Zu spät! Amir läuft vor das Auto.

Er fliegt durch die Luft

und landet auf der Fahrbahn.

Die Autos bremsen.

Die Leute bleiben stehen.

Der Fahrer ist geschockt.

 Hilfe! Notruf!

Rana läuft zu Amir.

 Mein kleiner Sohn,

mein Amir, lebst du noch?

Hilfe, er ist verletzt!

Ein Mann telefoniert.

Er ruft einen Rettungswagen und

die Polizei.

▸ S. 40

 Hilfe! Mein Sohn!

Er blutet! Wieso hilft denn keiner?

Eine Frau kommt.

 Lassen Sie mich zu dem Jungen!

Ich kann helfen.

Sie setzt sich zu Amir und Rana.

Sie hört an seinem Mund und seiner Nase.

▸ S. 41

 Keine Angst! Ihr Sohn atmet.

Er ist verletzt, aber er lebt!

Der Rettungswagen ist da!

Die Sanitäter steigen aus

und schauen nach Amir.

Sie legen das Kind auf die Trage.

Die Sanitäter schieben die Trage

mit Amir in den Rettungswagen.

Sind Sie die Mutter?

Sie müssen mitkommen!

▸ S. 40

Hakim bleibt am Unfallort.

Er redet mit der Polizei.

▸ S. 44

Rana steigt in den Rettungswagen.

Sie sitzt bei ihrem Sohn.

Amir ist bewusstlos.

Der Rettungswagen fährt schnell ins

Krankenhaus.

Wir haben nicht viel Geld.

Wir können das alles nicht bezahlen!

Keine Angst, das ist ein Notfall.

Diese Fahrt bezahlt

die Krankenversicherung.

Info online: **Krankenversicherung**

 das Blut

 die Allergie

 der Knochen

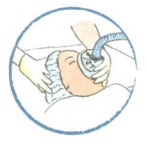 die Narkose

 aufgeregt

 gebrochen

 operieren

 aufwachen

 Vokabeltrainer + Audio online

Amir wird auf ein Bett gelegt.

An seinem Kopf und an seiner Hose ist Blut.

Die Sanitäter fahren Amir schnell

durch das Krankenhaus.

▸ S. 45

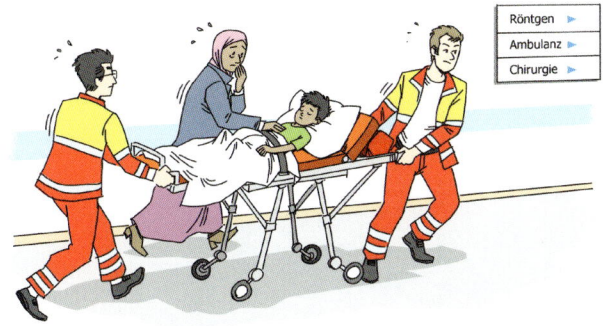

Röntgen ▸
Ambulanz ▸
Chirurgie ▸

Rana läuft mit. Hier sind viele Schilder.

Rana kennt die Wörter nicht:

Röntgen, Ambulanz, Chirurgie.

▸ S. 42

Audio online. Scannen und hören.

Rana muss zur Notaufnahme.

Sie soll ein Formular ausfüllen.

Rana ist sehr aufgeregt.

 Ich kann nicht gut

auf Deutsch schreiben.

Die Krankenschwester hilft und stellt Fragen:

 Wie ist Ihr Name?

Rana Sabia.

 Wie heißt das Kind?

Amir Issmael.

 Sein Geburtsdatum?

Und sein Geburtsort?

Wie bitte?

Ich verstehe nicht.

 Wann ist ihr Sohn geboren?

Und wo?

Ah! Am 2. Juni 2012.

In Duma in Syrien.

 Hat er eine Krankheit?

Oder hat er eine Allergie?

Mein Junge war immer gesund.

Wo wohnen Sie?

Rana sagt ihre Adresse.

Haben Sie eine

Krankenversicherung?

Ja. Mein Mann

hat eine Arbeit.

Dann haben Sie eine

Familienversicherung.

Rana beantwortet alle Fragen.

Sie unterschreibt das Formular.

Wo ist mein Sohn?

Beim Röntgen.

Info online: **Krankenversicherung**

▸ S. 45

Die Ärzte schauen, ob ein Knochen
gebrochen ist. Vielleicht muss Amir
operiert werden.

Rana setzt sich in einen Warteraum.
Hakim kommt und fragt nach Amir.
Er hat Angst. Rana sagt, was sie weiß.

Die Eltern warten und warten.
Hakim geht hin und her.
Endlich kommt die Ärztin.

 Alles ok!
Ihr Sohn wird wieder gesund.

Rana weint vor Glück.

 Danke! Danke!

Dürfen wir zu ihm?

▸ S. 44

 Ja, gleich!

Amir wurde operiert.

Wenn er von der Narkose

aufwacht, dürfen Sie zu ihm.

 der Verband

 die Klingel

 der Behandlungsraum

 die Gehirnerschütterung

 die Platzwunde

 der Gips

 die Schmerzen

 die Krücken

 Vokabeltrainer + Audio online

Rana und Hakim sitzen an Amirs Bett.

Amir hat einen Verband um den Kopf.

Und einen Gips am Bein.

Dann öffnet Amir die Augen.

 Amir, mein Sohn!

Du bist im Krankenhaus.

Wir sind bei dir. Alles wird gut!

Audio online. Scannen und hören.

Amir kann nur ganz leise sprechen.

 Papa, da war ein Esel im
Kaufhaus!
Wie die Esel von Opa,
aber viel kleiner.

Hakim versteht nicht.
Amir weint.

 Du musst nicht weinen.
Wir gehen mit Papa hin,
wenn du wieder gesund bist.

Amir muss liegen.

Er darf nicht aufstehen.

Er ist sehr müde.

 Ihr Sohn hat eine

Gehirnerschütterung und

ein Bein ist gebrochen.

Und das Blut an

seinem Kopf?

 Das ist nur eine

kleine Platzwunde.

Info + Übung online: **Gespräche** mit dem Arzt

Amir hat Angst.

Rana hält seine Hand.

 Alles wird gut.

Die Krankenschwester zeigt Rana

und Amir das Zimmer.

Hier gibt es ein Bad.

Und ein Bett für Rana.

Da ist die Klingel.

Bitte klingeln Sie, wenn Amir

Schmerzen hat!

▸ S. 44

Hakim fährt nach Hause.

Rana sitzt an Amirs Bett

bis er einschläft.

In der Nacht weint Amir.

 Au, mein Kopf! Mein Bein!

Rana klingelt.

Die Krankenschwester kommt.

Sie bringt etwas gegen Amirs

Schmerzen.

Amir geht es besser.

Am Vormittag kommt ein Arzt.

Er stellt Fragen.

Hallo, Amir!

Wie geht es dir?

Hast du noch Schmerzen?

In der Nacht hatte er Schmerzen.

Heute geht es mir gut.

Wann darf ich aufstehen?

Bald.

Zwei Wochen später.

Amir muss zum Röntgen.

Der Arzt macht ein Bild von Amirs Knochen.

 Das sieht schon viel besser aus.

Amir, du bekommst einen

neuen Gips und zwei Krücken.

Damit kannst du das Gehen üben.

Amir freut sich.

Endlich darf er aufstehen.

Amir wird in den Behandlungsraum

gefahren. Rana geht mit.

▸ S. 45

Der Gips wird gewechselt.

Amir übt, er lernt schnell.

Rana passt auf.

Amir kann schon sehr gut gehen

mit seinen Krücken.

 Morgen darfst du nach Hause!

Amir freut sich sehr.

Hakim wartet schon.

 Hier ist ein Paket für dich.

Was ist denn da drin?

Der Stoff-Esel aus dem Kaufhaus!

⭐ **Warum kann Rana das Formular**

nicht ausfüllen?

☐ Sie kann die Fragen nicht lesen.

☐ Sie kann nicht gut auf Deutsch schreiben.

☐ Sie ist sehr aufgeregt.

☐ Sie will nicht.

⭐ **Warum bleibt Hakim am Unfallort?**

☐ Er droht dem Autofahrer.

☐ Er will mit der Ärztin sprechen.

☐ Er will Reis kaufen.

☐ Er redet mit der Polizei.

Lösungen online

⭐ **Wo wird der Gips gewechselt?**

☐ Im Röntgenraum

☐ Im Badezimmer

☐ In der Chirurgie

☐ Im Behandlungsraum

⭐ **Was passt? Achtung! Ein Wort passt nicht.**

gehen   ausfüllen

Straße   krank   freundlich   Polizei

Amir läuft über die _____.

Die Ärztin ist _____.

Amir lernt mit zwei Krücken _____.

Rana soll ein Formular _____.

Ein Mann ruft die _____.

Ein Unfall

Es gibt einen Unfall. → Ich helfe.

Ich schaue: Ist eine Person **verletzt**?

Dann wähle ich den Notruf:

Polizei (☎ D: 110, Ö: 133 , S: 117)

Rettungsdienst (☎ D: 112, Ö: 122, S: 118).

Ich muss wissen: **Was** ist passiert? **Wo** ist es

passiert? **Wie** ist es passiert? **Wie viele** Personen

sind verletzt? **Welche** Verletzung sehe ich?

Erste Hilfe

Eine Person ist verletzt. → Ich leiste (mache)

Erste Hilfe. Ich prüfe die lebenswichtigen

Funktionen: **Atmet** die Person?

Übung online: Unfall + Erste Hilfe

Kann die Person mit mir **sprechen**? Ich frage:

Was tut weh? Wo tut es weh? Oder ich schaue:

Blutet die Person? Ich drehe die Person auf eine

Seite **(stabile Seitenlage)**. Ich decke die Person

zu oder lege eine Decke unter sie.

⭐ **Amir ist verletzt. Was machen die Personen?**

Polizei   Atmung
Rettungsdienst   Krankenwagen
Krankenhaus

Ein Mann ruft die _____ und den

_____. Eine Frau prüft

die _____. Die Sanitäter steigen aus

dem _____.

Sie fahren Amir ins _____.

Lösungen online

Personen im Krankenhaus

 der Arzt die Ärztin

 die Krankenpflegerin oder

die Krankenschwester (der Krankenpfleger)

 der Patient (die Patientin)

 der Sanitäter (die Sanitäterin)

Wichtige Abteilungen und Räume

 die **Notaufnahme**: Hier werde ich

bei einem Notfall behandelt.

 der **Behandlungsraum**:

Hier werde ich untersucht.

 der **Warteraum**:

Hier warte ich auf die Untersuchung.

⭐ **Wer ist wer? Verbinde.**

⭐ **Wo ist das? Verbinde.**

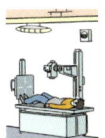

Lösungen online

Imperativ

	Imperativ du	Imperativ ihr	Imperativ Sie
du	Wart**e**!	Wart**et**!	Wart**en Sie**!
Ihr	Bleib stehen**!**	Bleib**t** stehen**!**	Bleib**en Sie** stehen**!**
klingeln	Klingel**!**	Klingel**t**!	Klingel**n Sie!**
Regel:	Infinitiv -(e)~~n~~ +!	Infinitiv -(e)~~n~~ +t!	Infinitiv + Sie!

Modalverben: dürfen und müssen

	dürfen	müssen
ich	d**a**rf	m**u**ss
du	d**a**rf**st**	m**u**ss**t**
er / sie / es	d**a**rf	m**u**ss
wir	d**ü**rf**en**	m**üss**en
ihr	d**ü**rf**t**	m**üss**t
sie / Sie	d**ü**rf**en**	m**üss**en

Das Passiv

Im Passiv-Satz ist wichtig: **Was passiert?**

Nicht so wichtig ist: Wer macht das?

Ich bilde das Passiv so:

Hilfsverb *werden* im Präsens + *Partizip II*

Amir wird operiert.

Der Gips wird gewechselt.

Das Passiv mit **Modalverben** bilde ich so:

Modalverb + *Partizip II* + *werden* im Infinitiv

Amir muss operiert werden.

Der Gips soll gewechselt werden.

Hilfsverb werden

ich	werd**e**	wir	werd**en**
du	w**irst**	ihr	werd**et**
er / sie / es	w**ird**	sie / Sie	werd**en**

⭐ **Ergänze die Tabelle.**

	Imperativ du	Imperativ Ihr	Imperativ Sie
warten		Wartet!	
laufen			Laufen Sie !
auf-wachen	Wach auf!		

⭐ **Setze die Verben im Imperativ ein!**

Nicht alle Verben passen.

spielen   klingeln (Sie)   warten   schauen   laufen

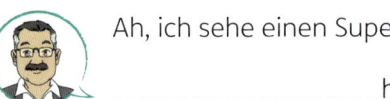

Ah, ich sehe einen Supermarkt.

_____ hier!

Bitte _____, wenn

Amir Schmerzen hat!

_____, Mama! Spielsachen!

⭐ **Setze *müssen* oder *dürfen* in der richtigen Form ein. Der Text hilft.**

Die Sanitäter sagen zu Rana: Sie _ _ _ _ _ _ _ _ _ _

mitkommen!

Rana und Hakim fragen: _ _ _ _ _ _ _ _ _ _ wir zu ihm?

Amir fragt: Wann _ _ _ _ _ _ _ _ ich aufstehen?

⭐ **Markiere die Verben. Hilfsverb `werden: grün` ,**

`Partizip II: gelb` und `Modalverben: blau`

Der Gips wird jetzt gewechselt.

Der Gips muss jetzt gewechselt werden.

Amir wird auf ein Bett gelegt.

Amir muss auf ein Bett gelegt werden.

Lösungen online

⭐ **Setze das Verb im Passiv ein.**

Ein Mann <u>ruft</u> einen Rettungswagen und die Polizei.

→ Ein Rettungswagen und die Polizei

_____.

Die Sanitäter <u>fahren</u> Amir durch das Krankenhaus.

→ Amir _____ durch das Krankenhaus

_____.

Der Arzt <u>macht</u> ein Bild von Amirs Knochen.

→ Ein Bild von Amirs Knochen _____.

Einfach loslesen! Alle Infos:

www.klett-sprachen.de/einfach-loslesen

Lösungen online